LE BON PÈRE,

OPÉRA-BOUFFON

EN UN ACTE,

Représenté, pour la première fois, le 8 Octobre 1788, sur le Théâtre alors nommé DE BEAUJOLAIS, et joué maintenant sur celui DES AMIS DE LA PATRIE, ci-devant DE LOUVOIS.

Paroles du Citoyen L—P., Musique du Cit. CAMBINI.

Prix, 1 liv. 10 sols.

A PARIS,

Chez la Citoyenne TOURON, sous les galeries du Théâtre de la République, à côté du passage vitré.

L'an 3 de la République Française.

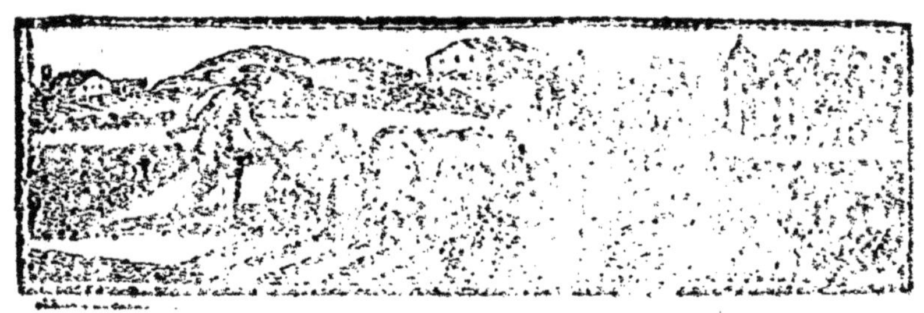

LE
BON PÈRE,
OPÉRA BOUFFON.

SCÈNE PREMIÈRE.

MICHAUT, THÉRÈSE, LE BAILLI.

Michaut et le Bailli sont assis près d'une table sur laquelle on voit deux timballes et une bouteille : ils achèvent de déjeûner. Thérèse est debout.

MICHAUT.

T'nez, M. l' Bailli, j' vous r'mercions d' vos bontais ; mais, sauf vot' respect, j' ne f'rons rien de c' que vous nous dites.

THÉRÈSE.

C'pendant, not' homme, l'avis d' M. l' Bailli....

MICHAUT.

'T' plaît infiniment, not' femme? Ça n' me surprend
pas; c' qui flatte la vanitai paraît toujours l' plus
sage, et quand l's 'dées d' grandeur s' logeont dans
une tête femelle, ça' y a plus guère ed' place pour la
raison.

LE BAILLI.

Ecoutez, Michaut, examinez encore.

MICHAUT.

Volontiai, examinons. Queuqu' vous proposai, M.
l' Bailli? D'envoyai Jacquot à Paris, afin qu'il y
parvienne? A c'la j' réponds qu' Jacquot rest'ra dans
son village, où, grace à nos soins, il est tout parvenu.

LE BAILLI.

Mais la raison?

MICHAUT.

La raison? La voici. J' sommes farmier, riche
assai; j' pouvons l' dire, parc' que c' bian-là n' doit
rian à parsonne. J'ons d's enfans que j'aimons de tout
not' cœur. Pourquoi, morgué, l's éloignerais-je de
moi? On est si bian auprès d' son père!

THÉRÈSE.

Oui : mais c'te politesse d'une grande ville...

MICHAUT.

Y apprendra-t-i' mieux qu'ici à être honnête
homme? Non, Thérèse, et v'là c' qu'est l' plus nécessaire à savoir. D' bonne-foi, qu' vont charcher nos

(5)

enfans à Paris? d' la fatuitai, qu' vous prenai pour
d' la gentillesse.

THÉRÈSE.

Ah! not' homme, l' fils du gros Pierre...

LE BAILLI.

C'est un garçon charmant.

MICHAUT.

Qui n'a pas l' sens-commun, quoiqu'élevé à la
ville. Parc' qu'i' vous lâche d' grands mots que j'
n'entendons ni l'un ni l'autre, ça s' croit un per-
sonnage, ça méprise nos paysans, ça parle à son père,
en l'y disant monsieur. J' n'aimons pas c'te ci ci itai-
là. L' nom d' père qu'est si doux à not' oreille, n'
doit pas écorcher la bouche de nos enfans.

THÉRÈSE.

(*Bas*). Monsieur l' Bailli, appuyai donc.

MICHAUT.

T'as biau faire, not' femme, n'en sera ni p'us, ni
moins. Jacquot n'a pas comm' ça du tems à perdre;
et pour venir à quoi?

LE BAILLI *avec emphase*.

Comment à quoi? Vous en ferez un honnête pro-
cureur.

MICHAUT.

Ça s'rait p't-être difficile, M. l' Bailli.

A 3

LE BAILLI.

Point du tout. Quelques années passées dans une
étude, et je le vois voler de ses propres ailes.

MICHAUT.

Voler... comm' vous avai l' mot juste, M. l' Bailli!
Mais écoutai, tout ça peut être fort biau à vos yeux,
et à ceux d' not' ménagère; aux miens, c'est d' la
fumoi. J' sommes nés dans c'te ferme, nos enfans y
sont nés, j' voulons y voir naître nos petits-enfans.

ARIETTE.

Je vous l' disais avec franchise,
Plus de repos, et moins d' grandeur.
Gaité, santé, voilà ma d'vise,
Et ça suffit pour le bonheur.
Bien fou, morgué, qui se tourmente
Pour satisfaire un vain desir!
Non, jamais un bian ne me tente,
Que quand i' m' promet l' plaisir.

Au sein de ma famille,
Je vis content, je suis heureux,
Et tel, dont l'habit doré brille,
N'est pas souvent aussi joyeux.
Quand fatigué de not' ouvrage,
    Je r'venons l' soir,
Au milieu de notre ménage,
    Il faut me voir.
  Com' vous voilà, mon père!
    Asseyez-vous,
    Embrassez-nous.
Puis i' m' caressont tous:
    Et c'est bian doux,
    Parc' qu' c'est sincère.

Et moi qui n' leux céd' pas,
Il faut bian que j'répète:
Embrasse-moi, Jeannette;
Mon fils, viens dans mes bras.
Quand j' les y tiens, j' ne s'is plus las.
Oui, j' vous l'disons, etc.

Par ainsi vous voyai, M. l' Bailli, qu' j'ons raison d' ne pas nous ôtai l' plaisir. Quant au chapitre de Jeannette... Mais, chut... N' faut pas traitai encora c't article-là d'vant elle. (*Jeannette regarde à la porte qu'elle tient entr'ouverte*).

SCÈNE II.

MICHAUT, LE BAILLI, THÉRÈSE, JEANNETTE.

THÉRÈSE *la prenant par le bras.*

Eh bian, Mamselle, d'où v'nais-vous? On n' vous a pas vu d' la matinai.

MICHAUT.

(*A part*). Gn' y avait d' bonnes raisons pour ça.

THÉRÈSE.

Toujours dans vot' chambre?

JEANNETTE *embarrassée.*

Ma mère...

A 4

THÉRÈSE.

Quoi! ma mère... Queuq'signifie c't embarras?

LE BAILLI.

Allons, Thérèse, ne grondez pas cette chère enfant. Comme elle est jolie! Plus on la voit, et plus on l'aime.

MICHAUT.

Tu n' réponds pas à c'te civilitai de M. l' Bailli? (*Bas*). Ta mère n' sait rian; j' n'ons sonné mot.

THÉRÈSE *prêtant l'oreille.*

Comment ?

MICHAUT.

Doucement, not' femme. J' raspectons vos secrets; et j' dis, faut être honnête. (*Bas*). J' t'apprendrons tout, quand i' s'ra téms. (*Haut*). Tians, Jeannette, rentre tout ça. J'ons queuqu' chose à finir avec M. l' Bailli. Mais quand tu reviendras, faut avoir un air p'us gai, p'us agréable. (*Bas*). Ça t' trahit malgré toi. (*Jeannette emporte la bouteille et les timballes*).

SCÈNE III.

MICHAUT, LE BAILLI, THÉRÈSE.

LE BAILLI.

Qu'a-t-elle donc, cette aimable enfant?

THÉRÈSE.

Bah! ces filles... ça pleure com' ça rit, sans savoir pourquoi.

MICHAUT.

P't-être aussi qu'alle a queuqu' méfiance ed' vos propositions, M. l' Bailli...... Heureusement qu' c'est eune plaisanterie?

LE BAILLI.

Comment! une plaisanterie? Non, non, ma foi; rien n'est plus sérieux. J'adore Jeannette, et...

TRIO.

MICHAUT.

Monsieu l'Bailli, vous voulai rire!

LE BAILLI.

Qui? moi, Michaut?

MICHAUT.

Assurément.

THÉRÈSE.

Je vous croyons sage et prudent.

LE BAILLI.

Thérèse, que voulez-vous dire?

THÉRÈSE.

Jeannette a touché votre cœur?

LE BAILLI.

Jeannette règne sur mon ame.

MICHAUT.

Et pour éteindre cette ardeur,
Vous nous la demandez pour femme?

THÉRÈSE *riant.*

Monsieur l' Bailli, n' vous fâchai pas;
Mais, à coup sûr, vous voulai rire?

LE BAILLI.

Pourquoi ces vains éclats?
Thérèse, que voulez-vous dire?

MICHAUT.

Ma Jeannette n'a que seize ans;
Vous en aurai bientôt soixante,
Vos cheveux gris vont d'venir blancs.

THÉRÈSE.

Jeannett' vous plait, elle est charmante;
Mais ses seize ans
Iront mal avec vos soixante.

LE BAILLI.

Près d'elle, le plaisir

Et le desir
Suffiront pour me rajeunir.

MICHAUT.

Monsieu l' Bailli, vous voulai rire?
N'accoutai pas une folle ardeur.

LE BAILLI.

Je sens encor de la vigueur.

THÉRÈSE.

Un rian peut la détruire.

Ensemble.

MICHAUT.	THÉRÈSE.	LE BAILLI.
Assurément, vous vou'ai rire?	Monsieu l' Bailli, c'est un d'lire;	Qui! moi? Que prétendez-vous dire?
N'écoutai pas un' folle ardeur.	N'accoutai pas un' folle ardeur.	Ce n'est point une folle ardeur.
De la vigueur,	De la vigueur	Je sens encor de la vigueur,
A soixante ans! c'est une erreur,	A soixante ans! c'est une erreur,	De la vigueur.
		Je sens encor une vigueur
Qu'un moment peut détruire.	Qu'un moment peut détruire.	Que rien ne peut détruire.

LE BAILLI.

Papa Michaut, il me reste une proposition à vous faire. Vous connaissez ma fortune... Donnez-moi Jeannette... et je ne veux point de dot.

MICHAUT.

Point de dot, M. le Bailli?

LE BAILLY.

Rien, rien que Jeannette.

MICHAUT.

Quel désintéressement!

LE BAILLY.

Ça vous décide?

MICHAUT.

Oui, M. l' Bailli, ça me décide tout-à-fait. Vous n'aurai point Jeannette, à moins, j' dis, qu'alle ne s' donne alle-même. Vous avai cru m' gagnai avec vot' point d' dot. A Paris, ça prendrait; cheu nous, c'est inutile. Il est bon d' ménageai; mais, morgué, c' n'est pas quand i' s'agit du bonheur d' ses enfans!

THÉRÈSE.

Not' homme a raison. Plaisai à not' fille, alle est à vous.

MICHAUT.

Faut vous dépêchai, M. l' Bailli, car, voyai, ça court à ses seize ans, et j' dis... Vous m'entendai?

LE BAILLI.

Allons, je m'adresserai à Jeannette. Je lui plairai, je lui plairai. (*Avec dignité*). Mais des affaires m'appellent. Le bien public me défend de rester plus long-tems avec vous, et je me rends à l'audience.

MICHAUT.

Sans rancune, M. l' Bailli, Vous savai qu' c'est aujourd'hui?...

LE BAILLI.

La veille de votre fête ? J'entends...

MICHAUT.

Un souper en famille.., d' bon vin , d' la gaité...

LE BAILLI.

De bon vin , votre fête , et celle de Jeannette : je viendrai, je viendrai.

SCÈNE IV.

MICHAUT, THÉRÈSE.

THÉRÈSE.

MAIS queuqu' tu penses de c' grison d' Bailli qu' en veut com' ça à not' fille?

MICHAUT.

J' pense qu'il l'y faudrait eune tournure plus agriable pour réussir... Par exemple, c'telle-là d' Bastien. J' sis sûr qu'il plairait à Jeannette.

THÉRÈSE.

Bastien? queuqu' tu veux dire, not' homme? Est-ce que?... Si j' savions?...

MICHAUT.

Te v'là enlevée!... Tu n' sauras rien.

TH É R È S E.

Un p'tit drôle, qui n'a pas...

MICHAUT.

Oui ; mais qu' est ben joli, ben fait, ben propre à tourner la tête aux filles.

THÉRÈSE.

Sans nous, l'i et son père...

MICHAUT.

N' parlons pas d' ça, Thérèse. L' bien qu'on fait, faut l' faire : c'ti-là qui l' reçoit, doit seul en parlai. De c' que Bastien aime Jeannette, Mathurin est-il moins honnête-homme ? C'te tendresse du fils n'empêche pas la r'connaissance du père.

THÉRÈSE.

Mais comment qu' tu sais ça ?

MICHAUT.

Acontes, promets-moi d' n'en sonner mot aujourd'hui à Jeannette. J'y ous promis nous-mêmes l' secret. N' faut pas troubler l' plaisir d' sa fête.

THÉRÈSE.

J' te l' promettons.

MICHAUT.

C' matin, j'étions à c'te fenêtre entrebaillai... J' voyons Bastien là où tu es, un gros bouquet à sa main... Jeannette était là, où j' s'is à présent... Bastien l'i offre son paquet d' fleurs.

(15)

THÉRÈSE.

Que Jeannette reçoit ?...

MICHAUT.

C'est dans l'ordre. Faut être poli. Ensuite Bastien demande un baisai pour ça. Jeannette...

THÉRÈSE.

N' l'a pas donnai.

MICHAUT.

Non; mais l'a reçu. Sur ce, j' s'is descendu. Ils avaient eu le tems de r'comm'ncer.

THÉRÈSE.

Le coquin!

MICHAUT.

Com' faut d' la décence, j'ons poliment chassai Bastien, et renvoyai Jeannette dans sa chambre.

THÉRÈSE.

Belle punition, ma foi!... Ah! si j'eussions été là!...

MICHAUT.

Queuqu' t'aurais fait? Vas, Thérèse, la colère n'est bonne à rien. Tous les jeunes gens sont d' mêmo.

D U O.

THÉRÈSE.

Ah! mon ami,
Dans not' jeun' âge,

Au village,
Il n'en était pas ainsi.
Eune fille était plus sage,
Un garçon moins hardi.

MICHAUT.

Mais non pas davantage.
On n'était ni plus sage,
    Ni moins hardi.

THÉRÈSE.

Mais, mon ami,
Rappelle-toi donc not' jeun' âge.

MICHAUT.

Ah ! Dieu merci,
J' nous rappelons bian not' jeun' âge.

Ensemble.

MICHAUT.   THÉRÈSE.

Au village,   Au village,
Tout se passait ainsi.   Tout n'allait pas ainsi.
On n'était ni plus sage, Une fille était plus sage,
    Ni moins hardi.   Un garçon moins hardi.

MICHAUT.

Tiens, ma Thérèse,
Soyons de bonne-foi ;
Quand j'étions près de toi,
N'étais-tu pas bien aise ?

THÉRÈSE.

Mais, oui, j'étions bien aise,
Quand j' t'avions près de moi.

MICHAUT.

MICHAUT.

Quand j' te faisions l'homage
D'un bouquet,
Hé bien !

THÉRÈSE.

J'eu pañons not' corset.

MICHAUT.

Quand en secret
J' te demandions pour gage
Un baiser?

THÉRÈSE.

J' n'en donnions jamais.

MICHAUT.

Mais
Tu me laissais les prendre
Et sans trop te défendre.

THÉRÈSE.

Eh bien !

MICHAUT.

Eh bien !
Jeannette et Bastien
Font d' même.

THÉRÈSE.

Mais un doux lien
D'vait combler not' ardeur extrême,
Et pour eux c' n'est pas d' même.

MICHAUT.

Nos bons parents
Grondaient, criaient, faisaient tapage ;
On nous guettait... Pauvres enfants !

B

J' profitions de tous les instans :
    Et queu domage,
Quand on surprenait nos amans !
    Ta mère
    Sevère
Disait : Ah ! de mon tems....
    Au village
Il n'en était pas ainsi :
Une fille était plus sage,
Un garçon moins hardi.
Et nous je disons d' même :
Not' couroux semble extrême.

Ensemble.

Mais à part moi,
Je dis de bonne foi,
Dans mon jeune âge,
    Au village
Tout se passait ainsi :
On n'était ni plus sage,
Ni moins hardi.

THÉRÈSE.

Mais songes donc aussi, Michaut, que j'étions un parti convenable, au lieu que Bastien....

MICHAUT.

Est pauvre... ça est vrai ;... mais il est doux, laborieux ; il est bon fils , il sera bon mari : au reste, j' ne disons rien encore ; faut voir com' ça tournera.... J' vons cheux l' compère , au sujet de ste maison... Gny a queuq' dépendancés... Faut

tarminer st'affaire aujourd'hui : j' passerons de là cheux
Mathurin... N' vians-tu pas !

THÉRÈSE.

Mais si, dans not' absence, ce vaurien d' Bastien....

MICHAUT.

Y n'a garde... J'yons fait une peur qui l'y durera
long-tems.

SCÈNE V.

JEANNETTE, *seule.*

ILs sont partis : mon père aura parlé ! que va dire
ma mère ! Etre ainsi surpris, lorsqu'on s'y attend le
moins ! comment cela finira-t-il !

> Non : Jeannette plus d'espoir :
> Plus d' Bastien qui t' rende heureuse ;
> C' matin j'étions si joyeuse,
> Et vlà que j' pleurons ce soir
> D' Bastien j'étais si chérie,
> Tout m' disait qu' j' s'rais à Bastien ;
> Vlà pourtant com' dans la vie,
> N' faut jamais compter sur rien.
>
> Las ! souvent le plus beau jour
> Est troublé par un orage :
> L' soleil perc' le nuage,
> L' nuage el couvre à son tour.

D' peine la joye est suivie :
L' mal toujours succède au bien,
Vlà pourtant com' dans la vie,
N' faut jamais compter sur rien.

Mais, renaissant à son tour,
L' calme succède à l'orage.
Que n'est-ce la douce image
Du sort qu' me promet l'amour ?
Qu'eu plaisir qnand on s'écrie,
En passant du mal au bien,
Vlà pourtant com' dans la vie
N' faut jamais s' deffier de rien.

SCÉNE VI.

JEANNETTE, JACQUOT.

*JACQUOT, portant une corbeille de fleurs,
en acccurant.*

BON jour, ma sœur... Tiens, vlà de belles fleurs
pour la fête de not' papa...

JEANNETTE.

Te vlà donc p'tit coureur ! d'où viens-tu ! sans
doute le magister n'a pas eu ta visite !

JACQUOT.

Ah, ben oui, ma visite : c'est trop d'y aller les
jours d'école, sans y mettre encor les congés.

JEANNETTE.

Mais c'est donc congé tous les jours. Tu deviendras
bien savant.

JACQUOT.

Gn y a pas d'aut' moyen pour m' faire apprendre.
Sans les congés, j' ne connaîtrais pas mes lettres.

AIR.

Quand l' magister me dit Jacquot,
Mon bon ami, faut être sage :
Le jeu n' doit vnir qu'après l'onvrage,
J'étudions, j' ne disons mot.
La recompeuse que j'espère
Suffit pour soul'nir not' ardeur :
Et j' travaillons de tout not' cœur,
Pour avoir l' plaisir d' ne rien faire.

JEANNETTE.

Fort bien raisonné....

JACQUOT.

Et toi . n'es-tu pas ben raisonnable pour t' moquer de
moi ? quand papa c' matin... j' tons vue... t'avais
l'air petite fille... et Bastien... j' venons itou de le
voir.
JEANNETTE, *avec empressement.*

Tu as vu Bastien ? Jacquot, mon bon ami, t'a-t-il
parlé ? que t'a-t-il dit

JACQUOT, *d'un air fin.*

Mon bon ami, vlà que tu me flattes... mais je ne
te dirai rien : papa gronderait, s'il çavait que Bastien
cherche à t' parler.... Qu'il doit venir... là... près
de la vieille chaumière... mais n'faut pas que j't'ap-
prenne ça.   B 3

JEANNETTE.

Près de la vieille chaumière !

JACQUOT.

J' ne vous dirai plus rien... J'ai mon bouquet à faire... Adieu, Jeannette... Mais prends bien garde d'être surprise... en embrassant Bastien. *Il rentre.*

SCÈNE VII.

JEANNETTE, *seule.*

IL se moque de moi... Bastien n'osera jamais venir.

> *Pendant cet air Bastien paraît*
> *et semble craindre d'être vu, il*
> *se place derrière la chaumière et*
> *fait écho.*

AIR.

C'est ici, sous cet ombrage,
Que souvent j'voyais Bastien ;
Avec ly com' j'étions bien
Quand, à l'abri de c' feuillage,
Il joignait son chant au mien,
   Pauvre Bastien !
Plus d' chansonnette,
  Plus de plaisir :
Loin de toi, Jeannette
  Ne sçaura qu' gémir.

Hélas! envain on nous sépare.   ECHO.

Rien ne détruira nos amours.

Bastien... Tu m'aimeras toujours. ... Toujours.

Mais... Est-ce un songe qui m'égare?

Bastien... Tu m'aimeras toujours ... Toujours.

A cette voix si tendre,

Je ne puis me méprendre..

Doux écho, par pitié, respecte mes secrets.... Mes secrets.

C'est lui, c'es mon amant fidele.... Amant fidèle

Viens, cher Bastien, ma voix t'appelle; Ma voix t'appelle.

Viens calmer mes regrets.

Elle regarde par tcut, elle va à la chaumière, au moment où elle y touche, le Bailli se présente.

SCÈNE VIII.

JEANNETTE, LE BAILLI.

JEANNETTE, *avec le plus grand trouble.*

AH... en vérité, vous m'avai fait une peur.....

LE BAILLI.

Vous ne m'attendiez pas là!....

JEANNETTE.

Non, non... Assurément c'est fort mal à vous d'effrayer ainsi les jeunes filles, et l'on ne saurait venir plus mal-à-propos.

B 4

LE BAILLI.

Au contraire, belle Jeannette, moment ne fut jamais plus opportun... Vous étiez seule...

(Il regarde de divers côtés.)

JEANNETTE.

Seule, vous avez pu le voir?.... *A part.* Le vilain homme...

LE BAILLI.

Mais vous chantiez....

JEANNETTE.

N' peut-on chanter, quand on est seule!

LE BAILLI.

Cependant quelqu'un semblait...

JEANNETTE.

N'allez-vous pas dire que j'étais avec quelqu'un?

LE BAILLI.

Je ne dis pas cela.... Mais on paraissait vous répondre...

JEANNETTE.

Un écho... sans doute; ... *A part.* Il m'impatiente.

LE BAILLI.

Hé bien! parlons de manière que l'écho ne puisse répéter ce que nous dirons.

JEANNETTE.

T'nez j'ai tant d' choses à faire. *A part.* Il ne partira pas. *Haut.* Et puis vos occupations.

LE BAILLI.

Mes occupations....... Je n'en ai d'autres à
présent que celles de vous plaire, de vous le dire,
de.....

JEANNETTE.

Mais, M. le Bailli, savai-vous bien que vous m'
faites-la une déclaration, et qu' ma mère m' deffend
d' les écouter.

LE BAILLI... *Se passionnant.*

On vous permettra de recevoir les' miennes.....
Ma petite Jeannette, vous pouvez faire mon bonheur...
Oui, oui ; c'est de l'amour que je sens pour vous....
Un amour le plus vif, le plus.....

JEANNETTE.

Mon dieu ! ne roulai donc pas les yeux com' ça !...

D U O.

LE BAILLI.

jeannette écoutez-moi :

JEANNETTE.

Non, sur ma foi :
Vous paraissez trop redoutable,
Laissez-moi.

LE BAILLI.

Jeannete mon aimable,
Ecoutez-moi :

Il n'est plus tems de feindre :
Daignerez-vous me plaindre ?

JEANNETTE.

Qui , moi ?
Non : sur ma foi.
Si l'on m' voiait dans l' village ,
On jaserait.

LE BAILLI.

On n'oserait :
A mon âge
On craint peu les discours.

JEANNETTE.

A mon âge
Faut craindre les discours :
De vos amours
On s' moquerait, je gage :
On en rirait.

LE BAILLI.

On n'oserait :
Dans votre cœur, Jeannette ,
Je lis malgré vous.

JEANNETTE.

Hé bien ! qu'y voyez-vous ?

LE BAILLI.

Que le nœud le plus doux
Doit m'unir avec vous.

JEANNETTE.

Vous lisez mal.

LE BAILLI.

Non, ma Jeannette.

JEANNETTE.

Vous lisez mal, je le répète.
Non, jamais de Jeannette
Vous ne serez l'époux;
De grace: éloignez-vous.

LE BAILLI.

Ingrate, cruelle!
Puis-je vivre sans vous?

JEANNETTE.

Retirez-vous,....

LE BAILLI.

Gentille pastourelle
Laissez vous enflammer;
Ou devenez moins belle,
Ou sachez mieux aimer.

JEANNETTE.

Je ne puis vous aimer,

LE BAILLI.

Quoi? le doux transport qui m'anime
N'obtiendra-t-il aucun retour?

JEANNETTE.

Pour vous j'aurai beaucoup d'estime,
Mais point d'amour.

Ensemble.

LE BAILLI.	JEANNETTE.
Quoi ! le doux transport qui m'anime	Pour le transport qui vous anime
N'obtiendra-t-il aucun retour?	N'attendez jamais de retour.
Daignez au moins joindre à l'estime	Pour vous j'aurai beaucoup d'estime,
Un peu d'amour.	Mais point d'amour.

LE BAILLI.

Cruelle!... Vous voulez donc faire mourir un bailli?. Mais je vois ce dont il s'agit. Un autre m'a prévenu.

JEANNETTE, *avec impatience.*

Et quand ça s'rait... Y voyez-vous du mal ! S'il est trop tôt d'aimer à seize ans, il est aussi trop tard à soixante.

LE BAILLI.

A part. Elle se fâche; il faut l'appaiser. *Haut.* Point d'humeur, ma chère Jeannette... Faisons la paix ensemble... Quelques réflexions encore, et vous ne refuserez pas d'être madame la baillive... C'est demain votre fête... Voulez-vous qu'on vous la souhaite... Jeune et jolie ... Que vous manque-t-il ! On ne peut rien vous desirer !

JEANNETTE.

C'est un effet d' vot' politesse.

LE BAILLI.

Mais la veille de la fête on embrasse, et c'est aussi.....

JEANNETTE.

Une politesse dont je vous dispense.

LE BAILLI. *Il veut l'embrasser.*

Jeannette.....

JEANNETTE.

Oh! finissez, M. le Bailli, ou je vais...

SCÈNE IX.

LE BAILLI, JEANNETTE, JACQUOT.

JACQUOT.

BIEN, M. le Bailli... Com' vous y allai... Sans vot' bâton et vos cheveux gris, on vous prendrait pour un jeune homme.

LE BAILLI.

Taisez-vous, petit indiscret !

JACQUOT.

Oui : petit indiscret ! pass qu'on empêche M. l' Bailli d'embrassai ma sœur.... Vous sçavai donc pas

qu' papa n' veut point qu'on l'embrasse! *Bas.* A-t-il
vu Bastien ?

JEANNETTE.

Bas. Je ne crois pas.....

LE BAILLI.

Que vous dit-il Jeannette ?

JEANNETTE.

Rien, M. l' Bailli : c'est un étourdi qui n' sçait pas
l' respect qu'on doit à votre âge. *A part.* Comment
donc m'en débarrasser? Ecoutez, M. le Bailli, vous
voulez parler à mon père.... Si vous alliez l'attendre
à la maison?

LE BAILLI.

Volontiers... Nous soupons ensemble... Vous avez
là-dedans beaucoup d'affaires vous-même, et...

JEANNETTE.

Hé bien, je vous suis... *Bas.* Il ne s'en ira pas...
Mais à condition que vous serez sage... *Bas à Jacquot.* Si tu vois Bastien, dis-lui qu'elle est ma peine,
et combien il m'en coûte de ne pouvoir lui parler.

SCÈNE X.

JACQUOT, *seul.*

MAIS quéuq'u donc qu' c'est que s't'amour qui leur
tourne à tous la tête... Bastien est triste... Jeannette

s' désole... jusqu'à c' Baill... J' n'entends rien à toutes leurs plaintes....

SCÈNE XI.

BASTIEN, JACQUOT.

BASTIEN.

Hé bien, Jeannette !

JACQUOT.

Il y a à parier que tu n' la verras pas d'aujour-d'huy.....

BASTIEN.

C' maudit Bailli... Sans ly, j' parlions encore à Jeannette.

JACQUOT.

Contes-moi ça, Bastien : j' ly dirons qu'al n'en pardra pas un mot.

BASTIEN.

Tu n' lui dirais pas ça com' moi !

JACQUOT.

Oui.... Mais y aurait moins à craindre.

BASTIEN.

C'est qu' tu ne t' doutes pas dé c' que j' sens pour elle !

JACQUOT.

Mon dieu, non…, Mais faut qu' ça soit drôle ;
car d' ten entendre parler ça m'amuse…

BASTIEN.

AIR.

De ta simple et paisible enfance,
Rien ne peut troubler les plaisirs;
Heureux par son indifférence,
Ton cœur n' connait pas les desirs :
Hélas ! faut-il que je regrette
Cet âge où j'étais comme toi ;
P'têtre il durrait encor pour moi,
Si j' n'avais jamais vu Jeannette.

Rien n' te déplait, rien n' te chagrine ;
C'est qu'on n'aime pas à dix ans,
Sans jamais en sentir l'épine,
Tu cueilles la ros' du printems.
Cinq ans encor, triste, inquiette,
Ton ame aura d' nouveaux desirs ;
Mais pour avoir de vrais plaisirs,
Faut aimer quelqu'un com' Jeannette.

SCÉNE XII.

THÉRÈSE, BASTIEN, JACQUOT.

THÉRÈSE.

COURAGE, Bastien, courage : v'là d' belles leçons
qu' tu bailles à not' fils.

JACQUOT.

JACQUOT.

Ah ! maman, j' vous assure ben que j' n'y compre-
nions pas un mot.

BASTIEN, *suppliant.*

Mme Michaut...

THÉRÈSE.

C' n'est donc pas assai d' l'affaire de c' matin, au sujet
de Jeannette, sans qu'à présent encore.... Tian,
Bastien, j' sis douce, tu l' sçais.... Mais tu fras bian
d' t'en allai.

BASTIEN.

Si vous vouliai m'entendre....

THÉRÈSE.

Ouais : tu m'en conterais de belles... Va conter ça
à ton père, t'y trouveras not' homme... Oh! tu n'as
pas osé paraître ; l' faudra ben c'pendant, et j' varrons
com' Mathurin t'ascusera... Sans doute qu' tu voulais
enjoleai st' enfant!... Dis, Jacquot....N'est-ce pas
qui t' priai !...

JACQUOT, *d'un air innocent.*

M' prier... Et quoi !... Quand j' sis vnu... il
était là, il chantait, j' l'ons écouté et vlà tout...

THÉRÈSE.

Il n'a pas parlai à Jeannette !...

JACQUOT.

M. l' Bailli qui n' la pas quittai peut vous l' dire.

C

(34)

THÉRÈSE.

C'est bon... rentrai..: Adieu, Bastien... Vois-tu
ste porte?... S'il t'arrive ed la r'garder jusqu'à o' que
j' te l' parmettions... tu m' connais... Je ne t' dis
qu' ça.... *Elle sourit en s'en allant.*

SCÈNE XIII.

BASTIEN, *seul.*

M'EN allai... n' pas regardai ste porte... c'est impos-
sible. Mes yeux... mon cœur... tout est où d'meure
Jeannette... Commandai, menaçai, Mame Michaut...
j' n'obéirons jamais.

AIR.

Ordonnai-moi d' quitter la vie,
　　J' puis obéir ;
Mais oubliai ma douce amie,
　　Plutôt mourir !

Las ! voyai ma douleur extrême,
Il n'est moyen de l'appaisai :
Quand j' ne vois pas celle que j'aime,
Pourquoi m' défendre d'y pensai.
Ordonnai-moi, etc.

Faudra-t-il, loin de ce village,
Me chercher un autre sejour?
J' ny gagnerions rien davantage :
Par-tout j' porterions not' amour.
Ordonnai-moi, etc.

Mais, que vois-je! mon père, celui de Jeannette...
Si je pouvais, sans être apperçu... monté sur l' toit
de ste chaumière, au moins saurai-je quelque chose!

*Il monte sur le toit, s'y tapit de manière à n'être vu
que des spectateurs.*

SCÈNE XIV.

MICHAUT, MATHURIN, BASTIEN.

MICHAUT.

COMMENT! il n'a pas paru!

MATHURIN.

Pas eun minute, et il a bien fait... Instruit de
son insolence, j' laurions reçu d' la bonne manière...
Manquai à la fille d' son bienfaiteur.... d' celui qui
soutiant sa famille.... sans qui...

MICHAUT.

J' t'en prie, Mathurin, laisses-là mes services,
et parlons d' ton fils... Où peut-il être à présent!

MATHURIN.

Si mal qu'y soit.... y fra bien d'y rester...

MICHAUT.

Acoutez, mon ami... dans l' fond Bastien n'est pas
si coupable : moi qui l'ai chassé c' matin, j' sis ben
d' moitié dans ste faute la.

C 2

MATHURIN.

Quoi! vous asseriez.

MICHAUT.

Quand j'ons vu Bastien s'amourachai d' not' fille...,
j' devions l'éloigner.... J'ons négligé ste précaution...
il a profitai d' ma négligence.

MATHURIN.

Mais l' respect qu'il vous doit....

MICHAUT.

N' peut-on à la fois respecter l' père et embrasser
la fille ?

MATHURIN.

L' souvenir de vos bontés...

MICHAUT.

L' souvenir... quand jeunes amoureux sont ensemble, c' n'est pas mourgué l' passé qu'il s'occupe...
ça n' pense qu'au présent... Spependant faut prendre
un parti...

MATHURIN.

J' sommes décidés, M. Michaut : ça nous fra d' la
peine, car j'aimons Bastien... mais j' voulons sacrifier
not' plaisir à vot' repos...

MICHAUT.

Hé bien ?

MATHURIN.

J' nous séparerons d' not' fils... j' l'envarrons à

quinze lieues cheux un parent d' sa mère... Eloigné
d' mameselle Jeannette, y n' poura plus vous causi d'
chagrin ni d'inquiétude.

M I C H A U T.

Vlà vot' dessein ?

M A T H U R I N.

Est-ce trop peu encore ?

M I C H A U T.

Non pas mourgué... c'est trop au contraire...
Faut un remède plus doux que ça... Si j'étions Mathurin... v'là c' que j' ferions.

D U O.

Parlez, ordonnez mon voisin :
Conseillez-moi, que faut-il faire ?

M I C H A U T.

Si j'étions Mathurin,
D' Jeannette je varrions le père,
Et j' ly dirions, mon voisin,
Il faut parler sans mystère.

M A T H U R I N.

Hé bien ?

M I C H A U T.

Mon fils aime Jeannette :
Jeannette aime Bastien ;
Couronnons leur flâme discrette.
Les separer tous deux,

C 3

C'êt rendre Bastien et jeannette
    Malheureux.
Un'ssons-les plutôt ensemble...
    Si j'étions Mathurin,
Vlà c' que j' dirions à mon voisin.
    Que vous ensemble?

M·A T H U R I N,

    Mais le voisin
Dirait sans doute à Mathurin ..

M I C H A U T.

Que dirait-il à Mathurin?

M A T H U R I N.

Il lui dirait : mon cher voisin,
Votre demande est indiscrette ;
Pour s'établir vot' fils n'a rien ,
Et j' donnons beaucoup à Jeannette ..
Cherchez donc ailleurs pour Bastien.

M I C H A U T.

Vous vous trompai , voisin. Par exemple , j' sçavons
mieux qu' vous, qu'alle serait la réponse ed Michaut,
et la voici.
Le *D U O continue.*

M I C H A U T.

Mon ami , sans la richesse ,
N' peut-on avoir le-bonheur?
Si Bastien, par sa tendresse ,
D' Jeannette a gagné le cœur ,
Faut couronner leur ardeur...

Qu'ils s'unissent l'un et l'autre,
Et leur bonheur
Fera le nôtre.

Ensemble.

MATHURIN.	MICHAUT.
Vous connaissez ma pauvreté :	En ce moment la pauvreté
A présent elle m'importune ;	N' doit rien avoir qui t'impor-
	tune.
Mais voit-on toujours la for-	On n' voit pas toujours la for-
tune	tune
Jointe avec la probité ?	jointe avec la probité.
Mon ami, sans la richesse ,	Mon ami, sans la richesse ,
On peut avoir le bonheur :	On peut avoir le bonheur :
Non,jamais plus douce ivresse	je jouis de tou ivresse ,
Ne régna dans mon cœur.	Elle passe dans mon cœur.
Nos enfans l'un pour l'autre	Nos enfants l'un pour l'autre
Semblent faits ;	Semblent faits ;
Par vous leurs vœux sont satis-	Si tous leurs vœux sont satis-
faits ,	faits ,
Et leur bonheur sera le nôtre.	Dans leur bonheur j' trouve-
	rons le nôtre.

MATHURIN.

Quoi ! mon voisin.... vous penseriai ce que vous
dites ?

MICHAUT.

Oui, mon ami, et s'tidé j'lons d'puis longtems :
sans ça aurions-je souffert l'sassiduité d' Bastien....
ees entretiens avec Jeannette.... ces p'tits jeux qui
annoncent l'amiqué et font naître l'amour ? j' voulions
un mari qui pût rendre not' fille heureuse.... en
examinant Bastien, j' lons vu à son avantage, et c'est
ly qu' j' destinons à Jeannette.

MATHURIN.

Combien l' père et l' fils vous devront ?

MICHAUT.

AIR.

N' parlons pas d' reconnaissance,
Mon cœur attend aut' chos' du tien ;
Le plaisir d'avoir fait du bien
Est ma plus douce récompense.

Bon Mathurin, de c' moment ci,
Qu' la joie entre nous soit commune :
Savoir obliger son ami
C'est doubler sa fortune.

Ton fils seul : oui, ton Bastien,
Peut acquitter ste detté :
Qu'il rende heureuse ma Jeannette,
Et Bastien ne me doit plus rien.

Mais n' parlons pas d' reconnaissance,
Mon cœur, etc.

MICHAUT.

Tian, mon ami, vois-tu ste chaumière (*il s'en approche de plus en plus*), et c' terrein qui l'environne, j'ons acheté ça d' gros Pierre.... La maison n'est pas excellente ; ... mais j' la f'rons rétablir, et c'est à toi que j' la destinons... Gnya plusieurs parties de bonnes... L' toit, par exemple, avec queuqu' réparations... *Il voit Bastien. Ah !... ah !...* Qui gniable 'est huché là tout d' son long !... Pargué c'est ton Bastien....

MATHURIN.

Il aura tout entendu.

MICHAUT.

Et j' voulions qu'il ne sussit rien.

BASTIEN.

M. Michaut, j' vous assure qu' jons fait not' possible pour n' rien entendre... Mais des choses si agréables, malgré soi, on n'en perd pas un mot.

MICHAUT.

Te vlà donc pus heureux que sage ! ...

BASTIEN.

Grace à vos bontés.... Queu plaisir ! ma chère Jeannette !

MICHAUT.

Un moment not' ami, rian n'est encore fait. Faut qu' tu m' promettes ! ...

BASTIEN.

Oh ! tout ce que vous voudrez...

MICHAUT.

D' ne rian dire à Jeannette de c' qui vient d' se passer... de ly conseillai d' faire tout c' que j' ly ordonnerons... quand ça devrait ly faire d' la peine.

BASTIEN, *suppliant.*

M. Michaut....

MICHAUT.

Sans ça, pas d' Jeannette.... pas d' mariage...

Les vlà qui viennent... l' Bailli avec elles... *Bas
à Mathurin.* Y servira à mon dessein... *A Bastien,*
et toi, prends y garde... Si tu dis un seul mot....
tu n' reverra jamais ma fille.

SCÈNE XV.

MICHAUT, THÉRÈSE, LE BAILLI, MATHURIN, JEANNETTE, BASTIEN ET JACQUOT.

THÉRÈSE.

Vous vlà, père Mathurin... vot' servante... *Bas.*
Hé bien, vot' vaurien, qu'en dites-vous ! Michaut
a tout arrangeai...

MICHAUT.

Pis que vous vlà rassemblai, faut que j' vous con-
tentions, M. l' Bailli... Vous aimai Jeannette....
J' vous ons parmis d' ly plaire, et j' sommes per-
suadai qu' ça vous a été facile.... J' devons un bouquet à not' fille... l' pus biau bouquet à seize ans,
c'est un mari... *Bas à Bastien.* Si tu fais l' moindre
signe.

LE BAILLI, *avec joie.*

Comment, papa Michaut. vous voilà décidé !...

JEANNETTE. *Elle n'ose pas regarder Bastien.*
Ah! mon père !...

MICHAUT.

Quoi ! c' cadeau n' te plaît pas.... Un mari com'
j' te l' destine?... Faut être bian dégoûtée.

JACQUOT, *à part*.

Ça ne peut pas être ly....

LE BAILLI, *à Jeannette*.

Aimable Jeannette, vous refuserez-vous à mon bonheur ?... Faut-il tomber à vos genoux ! *Il veut s'y
mettre.*

THÉRÈSE *l'en empêche.*

N' craignai rien, M. l' Bailli.

MICHAUT.

Acoute, Jeannette, gnya pas à balancer... J'ons
fait dresser l' contrat... *Il le tire de sa poche.* Gnya
qu'à y bouter nos signatures. M. l' Bailli donnera
volontiai la sienne... Mathurin s'ra témoin. Bastien
signera aussi. *Bas à Bastien.* Si tu bouges.

JEANNETTE.

Quoi! Bastien... Non, jamais... non.

LE BAILLI *intrigue.*

Comment non.... Est-ce que !...

THÉRÈSE.

Soyez tranquille....

MICHAUT.

Il signera, mourgué !... C'est à ce prix que j'ons
mis son pardon.

(44)

LE BAILLI.

Son pardon.... Qu'a-t-il donc fait !...

JEANNETTE.

Hé bien ! si Bastien consent à signer... com' vous
êtes...

THÉRÈSE.

Tu f'ras d' même... c'est dit....

MICHAUT.

Allons, Bastien, donnes-ly d' tes avis... T'es
honnête garçon... engage-la à ne pas désobéir à son
père... *Bas.* J' t'examinerons : prends garde à c' que
tu diras.

SEPTUOR.

JEANNETTE.

Hé bien :
Bastien,
Que dois-je faire ?
Faudra-t-il former ce lien,
Qui me désespère ?
Dit-moi, Bastien ?

BASTIEN.

Faut obéir, mam'selle,
On veut vot' bien :
Ça ne servirait à rien
D'être rebelle.

JEANNETTE.

C' est l'avis d' Bastien !

BASTIEN.

C'est l'avis d' Bastien !

JEANNETTE.	BASTIEN.	LE BAILLI.	JACQUOT.	MICHAUT, THÉRÈSE, MATHURIN.
Infidèle!	Mamselle, On veut vot' bien, N'ecraignais rien. Croyez que l'on vous aime!			
Est-ce ainsi que l'on aime? Me conseillervousmême D' former un tel lien. Ah! quel cruel martyre! Trahir ainsi les plus beaux feux!	Si je pouvions tout dire. Des pleurs s'échappent De ses yeux! Mais j' ne pouvons rien dire...	Voyez: elle soupire. Mais, pourquoi dédaigner mes vœux? Voyez: elle soupire.	Mais que peut-il lui dire? Des pleurs s'échappent de ses yeux. Mais que peut-il lui dire?	Il voudrait tout lui dire. Des pleurs s'échappent de ses yeux! Il voudrait tout lui dire...
Le parjure! Dieux! quel Martyre! Hé! bien! Bastien, Faut donc obéir à mon père? Mais le lien qui m' desespère, M' causera de longs répentirs.	On me regarde, ah! quel martyre! Suivez les volontés d'un père, Ne craignez pas de répentirs.	Me refuser, c'est un delire.	Pauvre Jeannette, elle soupire!	Il éprouve un cruel martyre!

JEANETTE.	BASTIEN.	LE BAILLI.	JACQUOT.	MICHAUT, THÉRÈSE, MATHURIN.
	Dans ce lien prospère Vous trouverez tous les plaisirs.	Dans ce lien prospère je lui promets tous les plaisirs.		Dans ce lien prospère Naîtront bientôt tous les plaisirs.
Moi des plaisirs! cœur infidèle!	A mes sermens je suis fidèle,			
	Obéissez, ne craignez rien.	Obéissez, ne craignez rien.		C'est bien,
J'éprouve une douleur mortelle:	Calmez cette douleur mortelle,	Pourquoi cette douleur mortelle?		Bastien,
	Obéissez, ne craignez rien:	Obéissez, ne craignez rien:		
Je vous connais, monsieur Bastien.	Vous ne connaissez pas Bastien.	Suivez les avis de Bastien.	Que peut donc lui dire Bastien?	Suivez les conseils de Bastien.
Voilà donc la flamme si pure Dont brûlait votre cœur? Infidèle! parjure!				
	Bastien jamais ne fut parjure, Bastien cherche votre bonheur.	Quoi! Bastien possède son cœur?		

JEANNETTE.	BASTIEN.	LE BAILLI.	JACQUOT.	MICHAUT, THÉRÈSE, MATHURIN.
Voilà donc la flâme si pure Dont brûlait votre cœur ? Amant infidèle, parjure, Vous ne cherchez que mon malheur !	Bastien jamais ne fut parjure, Bastien cherche votre bouheur. Ses plaintes déchirent mon cœur.	Quelle est donc cette flâme si pure? Pourquoi cette douleur ? Le coquin m'a ravi son cœur.	Quel est donc l'tourment qu'elle endure? Pouquoi cette douleur ? Oui : Bastien vous ravit son cœur.	Jamais femme ne fut plus pure… Voyez sa douleur? Ses plaintes déchirent mon cœur.

Suite de la Scène XV, après le SEPTUOR.
BASTIEN, *avec vivacité.*

M. Michaut, c'est inutile... battai-moi, chassai-moi...
j' ne pouvons résister à ses larmes... Vous n' maviai
pas dit qu'elle pleurerait.

MICHAUT.

Allons, j' sis content d' toi... Bien Jeannette,
v'là d' la constance et j' veux la recompenser... Tu
n'aimes donc pas M. l' Bailli !

JEANNETTE.

Non, mon père...

MICHAUT.

Vous l'entendai ; j' ne li faisons pas dire : et tu
préfères Bastien !... Qui n' dit mot, consent. Hé
bien, c' contrat c'est pour vous deux... Vlà ton bouquet, et j' crois qui ne te déplait pas !

LE BAILLI.

Mais... mais... c'est indigne. Me faire venir l'eau
à la bouche... et pour rien.

THÉRÈSE.

N' vous en avions-je ty pas averti ! A votre âge
on ne va pas vite, et Bastien qu'est pus alerte a pris
les devants.

On entend une musique champêtre, un tambourin, un
flageolet.

JACQUOT.

Maman, maman, vlà tous les gens de la farme avec
des

des bouquets !... l' père Simon et son tambourin à la tête.

MICHAUT, *s'asseyant.*

Attendai un instant... faut s' mettre en état d' représenter...

SCÈNE XVI, *et dernère.*

Les Acteurs précédents, PERE SIMON, Garçons et Filles de la Ferme, avec des bouquets.

PÈRE SIMON.

M. Michaut, parmettez que j' vous menions toute cette jeunesse... l'occasion d' la circonstance est trop favorable pour n'en profitai pas. Mieus leux maître qué leux ami, vous méritez d' la reconnaissance : il est ben juste d' vous témoigner, une fois l'année, c' qu'on sent pour vous tous les ours.

MICHAUT.

J' vous r'marcions, père Simon... S't'amitié dont vous m' parlai, est l' pus bien cadeau qu'on puisse m'offrir. *Jacquot s'avance.* Et té, Jacquot, que vas-tu me dire, un compliment, je gage.

JACQUOT.

Un compliment... moi j' n'en ai pas...
L' cœur n'en sait pas faire ;

D

Mais je sais bien, en pareil cas,
Ce qui pourra vous plaire.
Un mot que l' cœur prononcera,
Un tendre je vous aime;
Quelques baisers par-dessus ça,
V'à l' compliment qui vous plaira,
E' pis chacun f'ra de même.

Il présente un bouquet, et embrasse Michaut.

Une jeune Fille.

Dans 'es villes, un compliment
N'est pas toujours sincère;
Ah! combien de fois le cœur ment,
Quand l'esprit cherche à plaire;
C' n'est pas au village com' ça...
J' disons simplement j'aime:
J' joignons un baiser à cela...
Et, l' cœur qui fait c' compliment-là,
Vous fera toujours le même.

Un jeune Garçon.

Les biaux messeurs donnent de fleurs
Nouvellement écloses;
Mais les sentiméts de leurs cœurs
N' dur' pas pus que les roses....
C' n'est pas au vilage com' ça...
C'est d' bonne foi qu'on aime...
Notre bouquet se fnera...
Mais l' sentiment qu' l' présenta
Sera toujours le même.

J E A N N E T T E, *montrant Bastien.*

Vous avez, par c' bouquet flatteur,
Comblé mon espérance ;
L'amour au fond de notre cœur
A mis vot' recompense...

B A S T I E N

Par lui not' menage augmeut'ra,
C'est ben sûr quand on s'aime ;
Dans dix mois il vous offrira
Un autr' bouquet que celui la ;
Puis tous les ans sra d' même.

M I C H A U T.

Touches-là Bastien... j'accepte ste promesse...
mais morgué faudra la tenir... Alons, enfants, de
la joye.... Est-ce qu'on ne danse pas, père
Simon !....

P È R E S I M O N.

Hé bien une ronde pour commencer.

R O N D E.

Premier Couplet.

Mon flageolet, mon tambourin,
Sont toute ma richess ;
Avec moi, l' plaisir va son train,
Sans nuire à la sagesse.
Venez, venez sur les gazons,
Jeunes filles, jeunes garçons,

Mêlez-vous à ste danse.
Et si le jeu vous semble bon,
Faites un signe au pèr' Simon,
Et le vlà qu'il commence.

2e. Couplet.

J' donnai la première leçon
Hier à la jeune Annette.
D' mon flageolet le joli son
Plaisait à la fillette :
Ah! disait-elle, Pèr' Simon,
Com' on est bien sur ce gazon!
Rien n' faut mieux que ste danse.
Qu'est-ce donc quand on va finir,
Pis que l'on a tant de plaisir
Drès l'instant qu'on commence?

3e Couplet.

Annette, au bout de ste leçon,
Etait déjà savante...
Mais j' lisais dans son œil fripon
Qu'all' n'était pas contente...
Annette, hé bien, qu'avez-vous donc!
Vous abregez trop la leçon,
Cuy'a qu'un instant que j' danse...
Mam'selle il fallait bien finir ;
Mais si cela vous fait plaisir,
Venez... je recommence.

4e. Couplet.

J'avais beau la faire danser,
Rien ne lassait Annette...

A force enfin d' recommencer
Mon flageolet s'arrête.....
Quoi! vous cessez, père Simon?
Votre instrument n' rend plus de son;
Faut donc quitter ste danse ?
Mais menagez vot' flageolet,
Car demain, Simon, s'il vous plai ,
Faudra qu'on recommence.

Après la ronde, on dansera un peu, sans que personne quitte la scène..... Ensuite Michaut se levera et dira :

MICHAUT.

Venez, mes enfants. j'ons fait assez de besogne pour boire un coup. Allons nous mettre à table, et le verre à la main, j' souhaiterons à ces jeunes gens tout ce qui est nécessaire quand on s' met en ménage.

Ici le **Vaudeville** *et le* **Ballet** *continuera, si l'on veut.*

VAUDEVILLE.

C' qu'est l' plus nécessaire en ménage,
C'est du courage et d' la santé ;
L' bien n'est pas c' qui plait davantage :
On est riche avec la gaîté.
Au village, femme jolie
Est le trésor qu'on sait choisir.
A la ville, quand on s' marie ,
On a d' l'argent et point d' plaisir.

BASTIEN.

Toujours plein d'une tendre ivresse,
Bastien ne songera qu'à ton bonheur.
C' qui li manque pour la richesse,
S'ra remplacé par son ardeur.
Mais si l' travail et le courage
Suffisent pour nous enrichir....
J' te promettrons dans not' menage
Et de l'argent et du plaisir.

LE BAILLI.

Je reconnais bien la jeunesse....
Croyant que rien ne peut finir...

THÉRÈSE.

On est plus sag' dans la vieillesse,
On promet peu, pour plu tenir.
M. l' Bailli soyez sincère
Devait-elle autrement choisir,
Quand vous offriez pour lui plaire,
Vous la fortune, et lui l' plaisir?

JEANNETTE, au parterre.

N'ayant écrit que pour vous plaire,
L'auteur voudrait y réussir....
Il craint encor' plus qu'il n'espère,
De sa peur daignez-le guérir:

Qu'un geste heureux le dédomage
De la peine par le plaisir....
Il est payé de son ouvrage,
Dès qu'il vous entend l'applaudir.

F I N.

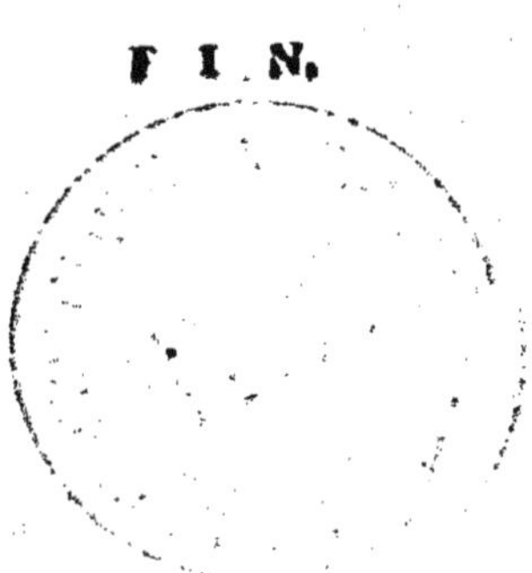

De l'Imprimerie le GUILHEMAT, Imprimeur
de la Liberté, rue Serpente, n° 23.